Couvertures supérieure et inférieure
manquantes

NOTICE HISTORIQUE

SUR LA VILLE

DE PUY-LAURENS.

NOTICE HISTORIQUE

SUR LA VILLE

DE PUY-LAURENS.

PAR

L. BARBAZA

Ancien officier d'infanterie, Chevalier de la Légion-d'Honneur,
Membre correspondant de la Société Littéraire et Scientifique
de Castres.

CASTRES
V.-J. ABEILHOU, IMPRIMEUR, RUE DES PRADALS, 6.
—
1865.

Ce n'est pas un travail sans utilité que celui qui consiste à rassembler et à faire connaître tous les faits concernant le passé d'une simple localité.

Sans parler du profit que l'histoire générale peut retirer de pareilles études faites dans de bonnes conditions, on peut dire qu'elles ont pour but de répondre à ces questions que provoque l'amour du pays natal : comment vivaient nos pères ? Ont-ils joui de bonne heure des avantages de la vie communale ? Quel rôle ont-ils rempli au milieu de tels évènements, au milieu de telles guerres qui ont eu cette province entière pour théâtre ?

C'est pour satisfaire cette légitime et naturelle curiosité que nous offrons aux habitants de Puy-Laurens le résultat de nos recherches sur l'histoire de leur ville.

L'un d'eux, notre ami, M. Charles Pradel, a bien voulu, avec une obligeance dont nous ne saurions trop le remercier, nous communiquer d'intéressants documents inédits qui sont venus compléter, d'une manière très-heureuse, les renseignements qui nous étaient fournis par l'histoire générale du Languedoc, les chroniques de Gaches et de Faurin et par les archives de la ville.

Nous aimons à renouveler, ici, à M. Charles Pradel, l'expression de notre gratitude.

Puy-Laurens, 18 octobre 1864.

I

ORIGINE DE PUY-LAURENS.

Puy-Laurens est bâti sur un plateau assez élevé qui, d'un côté, domine la plaine fertile, dite de Revel, et de l'autre est tourné vers le pays accidenté, montueux, qu'on nomme La Ramade et qui s'étend jusqu'à la rive gauche de l'Agoût.

Cette ville, chef-lieu de canton de l'arrondissement de Lavaur, est peuplée de 2,000 habitants. Elle n'a conservé aucun monument du passé; du vieux château il ne reste rien ou presque rien; l'église est moderne et s'élève sur l'emplacement de l'ancienne qui fut démolie pendant les guerres de religion.

Comme souvenir de ces guerres, on y trouve deux bastions à demi démantelés et une demi-lune (1), transformée en pacifique promenade.

Pierre Borrel, dans ses *Antiquités de la ville de Castres*, assigne au nom de Puy-Laurens une étymologie qui paraît plus ingénieuse qu'exacte. Il semble croire que Puy-Laurens s'appelait, dans l'origine, Puy-Laurier ou Puy-des-Lauriers; « sans doute, dit-il, ce lieu devait être couvert de lauriers avant d'être bâti. » Les armoiries de la ville portent, il est vrai, un laurier, mais nous ne nous sentons pas autorisés à tirer de ce fait l'induction qu'en tire Borrel. Il est à peine besoin de dire que Puy-Laurens, en latin *Podium Laurentii*, signifie Puy ou montagne de Laurent. Cette étymologie qui n'a rien de forcé, nous fait connaître, sans doute, le nom du premier seigneur qui vint s'établir dans ce pays. Quoiqu'il en soit, l'origine féodale de Puy-Laurens n'est pas contestable; quelques maisons se groupèrent auprès et sous la protection de la forteresse du seigneur, et, peu à peu, la ville s'est formée comme nous la voyons aujourd'hui.

Il paraît que le château fut d'abord situé au lieu nommé le Roc, à peu de distance de la ville; du moins cet endroit a longtemps gardé le nom de Castelviel.

Les seigneurs de Puy-Laurens durent sans doute

---

(1) Demi-Lune ou Ravelin, ouvrage de fortification.

abandonner cette première résidence qui, bâtie sur un étroit plateau, ne répondait pas à l'importance qu'ils avaient acquise, pour s'établir dans un manoir plus vaste et mieux situé, dont l'emplacement est encore marqué dans la partie de la ville, nommée Cap de Castel, par quelques restes de constructions.

L'histoire des premiers seigneurs de Puy-Laurens ne se compose que d'un petit nombre de faits, mais qui sont fournis par des documents authentiques.

Nous rencontrons d'abord, au commencement du xiie siècle, Arnaud de Puy-Laurens qui, par dégoût du monde, ou pour obéir à la volonté de ses parents et laisser ses frères en meilleure situation, abandonne le manoir paternel et prend le froc au monastère de La Grasse.

Puis vient un chevalier revêtu de la solide et brillante armure des croisés : c'est Jean-Pierre de Puy-Laurens que l'on trouve en Syrie parmi les barons de Raymond, comte de Tripoli (1142).

En l'année 1152, Raymond Trencavel, vicomte de Carcassonne, donna en fief à Isarn de Puy-Laurens et à Pierre son frère le château de Verdale. Pierre se maria, cette même année, avec Diaz de Fabersan, et suivit le vicomte de Carcassonne dans une expédition que celui-ci dirigea contre son suzerain, le comte de Toulouse.

L'issue de la lutte ne fut pas favorable à Trencavel, car il fut fait prisonnier et retenu longtemps à Toulouse. Pierre de Puy-Laurens partagea sa captivité.

Les seigneurs de Puy-Laurens dépendaient de ceux de Dourgne, ceux-ci du vicomte de Carcassonne, lequel reconnaissait pour suzerain le comte de Toulouse dont la puissante maison occupait, dans le Midi, le sommet de la hiérarchie féodale.

Au-dessous de cette hiérarchie, dans laquelle prenaient place un très-grand nombre de barons, se trouvait une bourgeoisie riche, de mœurs élégantes, vivant avec la noblesse presque sur un pied d'égalité.

Enfin, au-dessous de ces deux classes, mais à une distance infinie, végétaient les serfs attachés à la glèbe.

La civilisation qui régnait alors sur le Midi était extrêmement brillante. Elle cachait, il vrai, sous de belles apparences une grande faiblesse et beaucoup de corruption. Le moment n'est pas éloigné où elle va périr, étouffée par la rude main des barons du Nord.

II

GUERRE DES ALBIGEOIS.

Au commencement du xiii⁰ siècle, le manichéisme s'implanta dans le Midi de la France et y eut tout d'abord de nombreux adhérents, connus dans l'histoire sous le nom d'Albigeois.

Les Albigeois croyaient à la coexistence du principe du bien et du principe du mal, et appuyaient cette croyance sur une bizarre interprétation des écritures; en leurs mains le dieu de la bible devenait le principe du mal, cause première de la déchéance de l'homme.

Depuis dix ans, le Pape Innocent III, au moyen de ses légats qui parcouraient la province en tous sens, cherchait en vain à arrêter les progrès du mal. Les peuples restaient sourds, et les princes, secrètement ralliés aux idées nouvelles, laissaient sans effet les promesses que les légats obtenaient d'eux.

Le meurtre du légat Pierre de Castelnau, commis par un officier de Raymond VI, comte de Toulouse, donna le signal de la croisade.

A l'appel d'Innocent III, toute la chevalerie du Nord de la France se jeta sur le Midi comme sur une proie.

Les croisés remportèrent d'abord un sanglant triomphe à Béziers ; ensuite ils prirent Carcassonne. Bientôt tout le domaine de Raymond Roger, vicomte de Carcassonne, tomba aux mains de Simon de Montfort, devenu le chef de la croisade. Les vassaux du prince dépossédé s'empressèrent, en attendant meilleure fortune, de faire leur soumission au vainqueur. Parmi eux se trouvait Sicard, seigneur de Puy-Laurens, dont nous aurons, plus d'une fois, pendant le cours de cette période, à citer le nom et les exploits.

Après avoir assis son autorité dans le pays qu'il avait conquis, Simon de Montfort vint mettre le siége devant Lavaur, forte place appartenant à une dame vassale du comte de Toulouse. Pendant le cours du siége, le duc d'Autriche partit de Carcassonne avec un renfort de cinq mille croisés qu'il conduisait à Simon. Arrivés à Mongey, près de Puy-

Laurens, les croisés tombèrent dans une embuscade que le comte de Foix avait dressée sur leur chemin ; ils furent taillés en pièces. Il existe à Mongey un champ connu sous le nom de *Camp dal Sang;* les ossements, les débris d'armes qu'on y trouve, tout indique que c'est là qu'eut lieu la rencontre entre le comte de Foix et le duc d'Autriche.

Malgré cet échec, Simon de Montfort ne tarda guère à s'emparer de Lavaur ; les croisés y brûlèrent quatre cents hérétiques, et la dame Giraude à qui ce lieu appartenait, fut jetée dans un puits et ensevelie sous des pierres (1210).

« Sicard, seigneur de Puy-Laurens, qui s'était d'abord soumis à Simon et qui lui avait ensuite manqué de fidélité, ne fut pas plus tôt informé de la prise de Lavaur qu'il abandonna son château pour se retirer à Toulouse. Simon s'en saisit aussitôt et le donna à Gui de Lucé, chevalier français, qui y établit une garnison. » (1)

L'année suivante, « Simon, se trouvant à Pamiers, apprit que les habitants de Puy-Laurens avaient livré leur ville à Sicard leur ancien seigneur, et que celui-ci tenait assiégés dans le château les gens de Gui de Lucé. Il se mit en marche pour les aller secourir ; mais en arrivant à Castelnaudary, il lui fut mandé que le chevalier qui avait la garde du château de Puy-Laurens, au nom de Gui de Lucé, l'avait livré

(1) Dom Vaissette.

à Sicard après en avoir reçu une somme considérable. Il fit aussitôt faire le procès à ce chevalier qui l'était venu trouver pour s'excuser et le fit pendre, sur le refus qu'il fit de se justifier par le duel. » (1)

1211. — Le comte Raymond profita d'un moment où Simon de Montfort n'avait que peu de monde avec lui pour l'aller assaillir dans Castelnaudary avec une puissante armée. Ce siège fut marqué par un combat dans lequel Sicard de Puy-Laurens fit voir toute sa bravoure. Le comte de Foix avait attaqué, à une petite distance de Castelnaudary, un convoi de vivres conduit à Simon par Bouchard de Marli et avait réussi à s'en emparer, malgré la vive résistance opposée par Bouchard et ses nombreux chevaliers. Mais aussitôt les soldats du comte de Foix ne songent qu'à se livrer au pillage.

Simon, du haut des remparts, ayant été témoin de ce désordre, jugea le moment opportun pour intervenir; il vint à l'aide de Bouchard avec soixante chevaliers. Le combat se rétablit et tourna au désavantage des méridionaux, malgré les prouesses accomplies par le comte de Foix et par Roger-Bernard son fils. « Etaient dans la compagnie de Roger-Bernard un appelé le chevalier Porrada et Sicard de Puy-Laurens, et un autre appelé La Grua, lesquels étaient gens vaillants, s'il y en eut au monde, et on ne connaissait pas leurs pareils. » (2)

(1) Dom Vaissette.
(2) Chroniqueur anonyme. — Voir la note 1re.

Raymond, fatigué des longueurs du siége, résolut de lever le camp et de chercher dans la prise de quelques villes de l'Albigeois une compensation de l'échec qu'il venait de subir. Il partit dès le lendemain, vint droit à Puy-Laurens et s'en empara malgré la résistance de la garnison. Lorsque dans le pays ont eut appris que le comte Raymond était maitre de Puy-Laurens, quelques villes lui firent leur soumission.

L'année suivante (1212), Simon de Montfort reprit Puy-Laurens sur le comte Raymond, et cette place fut rendue à Gui de Lucé.

La bataille de Muret, gagnée en 1213 par Simon de Montfort, porta un coup mortel à l'indépendance du Midi. Tous les maux de la conquête s'appesantirent à la fois sur ce malheureux pays. Cinq ans après, en 1218, les populations trouvèrent dans leur désespoir la force de secouer un moment le joug dont elles étaient accablées. Le siége de Toulouse fut victorieusement soutenu par les méridionaux; ils virent périr sous les murailles qu'il battait envain de ses engins de guerre leur mortel ennemi, Simon de Montfort.

Dans le récit que fait de ce siége mémorable la chronique rimée, le nom de Sicard « le Prompt » de Puy-Laurens revient fréquemment parmi ceux des plus intrépides défenseurs de la ville.

Le château de Puy-Laurens était à cette époque entre les mains de Folcaut de Brigier à qui Simon de Montfort l'avait donné. « Ce Folcaut et son frère Jean de Brigier ayant entrepris de faire des courses dans le Toulousain, Raymond le jeune (fils du comte Raymond VI), pour arrêter leurs brigandages, se mit aussitôt en campagne, et les ayant rencontrés, les fit prisonniers et leur fit couper la tête qu'on promena dans Toulouse au bout d'une perche. On regarda la mort de ces deux chevaliers comme une juste punition des crimes qu'ils avaient commis. Le premier (Folcaut) usait, entr'autres, d'une extrême cruauté envers ceux qu'il prenait à la guerre ; il fesait périr dans le fond d'un cachot ceux qui n'avaient pas cent sols à lui donner, et jeter ensuite leurs corps, même lorsqu'ils n'étaient qu'à demi morts, dans des cloaques où ils achevaient de mourir. Peu de temps avant cette expédition, Folcaut avait fait pendre deux prisonniers et avait obligé l'un des deux à servir de bourreau à l'autre qui était son propre fils. Enfin, les deux frères étaient plongés dans des débauches infâmes ; ils entretenaient publiquement des concubines et ne se fesaient aucun scrupule d'enlever des femmes mariées » (1) 1219.

Ce ne fut pas sans doute un médiocre soulagement pour les habitants de Puy-Laurens de se sentir débarrassés d'un seigneur aussi cruel.

En 1220 « Raymond le jeune prit par capitulation le château de Puy-Laurens et accorda la vie sauve,

(1) Dom Vaissette.

avec une entière sûreté, à Ermengarde veuve de Folcaut de Brigier. Il accorda la même grâce aux enfants de cette dame et à tous ceux qui composaient la garnison, jusqu'à ce qu'ils fussent sortis du pays. » (1)

Sicard fut alors rétabli dans son domaine.

L'hérésie relevant la tête aussitôt que la fortune redevenait favorable aux gens du Midi, la lutte ne s'arrêta pas jusqu'à l'année 1229 dans laquelle la plus grande partie du Languedoc fut jointe à la couronne de France. Raymond VII fit amende honorable, en chemise et pieds nus, dans l'église de Notre-Dame de Paris, et jura de poursuivre les hérétiques de tout son pouvoir. (2)

Le traité de Meaux lui enlevait les deux tiers de ses domaines. Il y était stipulé que les murailles de Toulouse et celles de trente villes et châteaux seraient détruites. Puy-Laurens ne fut pas épargné, et c'est sans doute à cette époque qu'il faut placer la destruction du château.

Sicard, cependant, avait fait sa soumission au roi Louis VIII, lors d'un voyage que ce prince fit en 1226 dans les provinces méridionales. Sicard lui fit écrire par l'abbé de Sorèze une lettre fort humble dans laquelle il se confondait en protestations de dévouement et de fidélité. (3) Il put même renouveler

(1) Dom Vaissette.
(2) Voir la note 2.
(3) Voir la note 3.

ces protestations de vive voix, car le roi, continuant son voyage, accompagné du légat Romain de Saint-Ange, vint passer une nuit à Puy-Laurens.

L'histoire de notre ville, pendant cette période, ne serait pas complète, si, en regard de la brillante et martiale figure du chevalier Sicard, nous omettions de placer celle du consciencieux et exact chroniqueur Guillaume.

Guillaume naquit à Puy-Laurens au commencement du xiiie siècle. Ayant embrassé l'état ecclésiastique, il fut d'abord attaché à la personne de Raymond III, évêque de Toulouse. Il devint ensuite aumônier de Raymond VII qui lui accorda toute sa confiance et dont il partagea la bonne et la mauvaise fortune. On n'a que peu de détails sur sa vie. Après la mort du comte Raymond VII, il passa, dit-on, de la maison de ce prince dans celle de la comtesse Jeanne de Toulouse, et mourut dans un âge très-avancé.

Sur les renseignements qu'il fut à même de recueillir à la cour de Raymond VII, Guillaume de Puy-Laurens écrivit sa chronique de la guerre des Albigeois qu'il continua ensuite jusqu'à l'année 1272. C'est un tableau exact et plein de sincérité des grands évènements qui ont agité le xiiie siècle.

III

COUTUMES ET PRIVILÉGES DE PUY-LAURENS.

Les seigneurs de Puy-Laurens étaient dans l'origine vassaux des vicomtes de Carcassonne. Pendant la guerre des Albigeois, Sicard transporta son hommage au comte de Toulouse. (1)

En 1271, le comte Alphonse et Jeanne son épouse étant morts sans enfants, Philippe-le-Hardi, roi de France, se mit en possession de la comté de Toulouse, en vertu des stipulations contenues dans le traité de Meaux. Puy-Laurens conserva encore des seigneurs particuliers sous la suzeraineté directe du roi jusqu'à l'année 1340.

(1) Voir la note 4.

A cette époque, le roi Philippe-le-Bel était propriétaire de la moitié des droits seigneuriaux attachés à la terre de Puy-Laurens. L'autre moitié était possédée par un seigneur nommé Jourdain de Saissac. Les habitants se cotisèrent, achetèrent la part de Jourdain, en firent don au roi et achevèrent de s'attirer ses bonnes grâces en joignant à ce don une somme de sept cents livres.

Philippe-le-Bel, pour les récompenser, les confirma dans la possession de leurs priviléges et ordonna que le lieu de Puy-Laurens serait à jamais inaliénable du domaine de la couronne, à moins que la comté de Toulouse ne fut vendue et aliénée. Cette garantie s'appliquait aussi à la judicature de Villelongue dont Puy-Laurens était le siége, et dont la circonscription était assez étendue. (1)

A côté du juge de Villelongue, représentant de l'autorité royale, se trouvaient les consuls chefs et représentants de la communauté. Ils avaient aussi leur juridiction. Tandis que le juge connaissait des causes civiles, les consuls exerçaient la justice criminelle dans le consulat de Puy-Laurens et dans quelques lieux et consulats voisins. Ils connaissaient de *tous les excès et crimes requérant une punition corporelle*, excepté les cas d'hérésie, de lèse-majesté et de fabrication de fausse monnaie. (2)

(1) Voir la note 5.
(2) Voir la note 6.

Les consuls, au nombre de quatre, n'exerçaient leur charge que pendant un an. Ils désignaient eux-mêmes leurs successeurs. Ceux-ci ne pouvaient être parents ou alliés des consuls précédemment en exercice, ni débiteurs de la communauté. Les cas de nullité étaient déférés au parlement de Toulouse qui, s'il y avait lieu, fesait procéder à une nouvelle élection.

Dès leur installation, les nouveaux consuls s'entouraient d'un conseil composé de seize membres. Ce conseil, dit politique, aidait les consuls dans l'exécution de leur mandat et réglait avec eux les affaires courantes de la commune. Il lui appartenait de réunir le conseil général des habitants. (1)

Le conseil général était convoqué au son de la cloche et de la trompette. Il se composait des notables habitants de la ville et du consulat, en nombre indéterminé. Ce conseil était fréquemment réuni. Ses délibérations portaient sur tous les intérêts de la communauté. Il arrêtait le chiffre des contributions à payer par les habitants. (2)

Voilà quel était le régime municipal en usage à Puy-Laurens et dont les dispositions principales se retrouvent dans les coutumes d'un grand nombre de villes du Midi.

Sous le règne de Louis XIV, ces vieilles franchises reçurent plus d'une atteinte. Le gouvernement du

---

(1) Voir la note 7.
(2) Voir la note 8.

grand roi, jaloux de faire sentir sa main partout, s'appliqua à diminuer des institutions où l'esprit d'indépendance trouvait encore un aliment et un refuge. La charge de premier consul fut remplie par un maire nommé à vie par le roi, et le conseil général cessa d'être convoqué.

Les consuls de Puy-Laurens portaient des robes mi-parties rouge et noir. Dans les cérémonies publiques, ils étaient accompagnés des quatre valets consulaires revêtus d'une livrée mi-partie burel et bleu, et armés de baguettes pour tenir le populaire à une distance convenable.

C'est dans cet appareil que les consuls ouvraient les foires qui se tenaient quatre fois l'an. Pendant la tenue de ces foires, les mutations de propriété étaient rendues plus faciles. L'acquéreur d'une terre, par exemple, moyennant une déclaration faite devant les consuls, pouvait entrer en possession sans la licence du seigneur dont cette terre dépendait, et n'était plus tenu à payer entre ses mains qu'une portion du droit féodal nommé Soustrap, dont la totalité eut été exigible en temps ordinaire. (1)

Le marché qui depuis un temps immémorial a lieu le mercredi de chaque semaine avait aussi ses priviléges. Pendant la durée du marché, depuis l'aller jusqu'au retour, les créanciers ne pouvaient faire ap-

(1) Voir la note 9.

préhender au corps leurs débiteurs, à moins que ceux-ci n'eussent expressément renoncé à ce bénéfice.

Les habitants de Puy-Laurens avaient le droit de chasser *daims, cerfs et biches et toutes autres manières de bêtes sauvages*, sur toute l'étendue du consulat, hors toutefois les forêts du roi. Mais pour chasser le lapin à l'aide du furet, il fallait être accompagné du fureteur nommé par les consuls.

Nous citerons pour finir une disposition singulière : quand les habitants de Puy-Laurens passaient par Soual, les marchandises qu'ils portaient étaient assujéties au péage. Mais, s'ils étaient juifs, ils devaient de plus payer pour eux et pour leurs montures. (1)

---

(1) Voir la note 10.

IV

GUERRES DE RELIGION.

Sous le règne de François II, les calvinistes de France, irrités par les entraves apportées à l'exercice public de leur culte, excités d'ailleurs et soutenus par les princes de la maison de Bourbon que des motifs d'ambition avaient donné pour chefs à leur parti, résolurent de prendre les armes. Ce fut le commencement de ces guerres civiles qui désolèrent la France et particulièrement notre pays pendant plus de 30 ans (1560).

Dans le midi la lutte éclate partout à la fois. Elle s'engage de ville à ville, de château à château, de village à village, couvrant le sol de ruines et de sang, et se prolonge sans rien perdre de sa fureur.

Cet état violent n'aurait pas eu de terme, si la main puissante de Henri IV n'avait enfin arraché les armes aux deux partis et fondé le règne de la tolérance religieuse. Les faits qui composent la chronique locale pendant cette période, bien qu'affligeants, tirent de leur contraste avec la situation actuelle une certaine valeur. Il est en effet intéressant de connaître de quelle manière ces campagnes fertiles dont nous sommes entourés, et où règnent aujourd'hui l'ordre et la paix, ont été livrées, il y a trois cents ans, à toutes les entreprises enfantées par l'esprit de désordre et de violence.

On ne sait rien de l'introduction du calvinisme à Puy-Laurens. Sans doute la réforme y comptait quelques adhérents qui durent favoriser la prise de possession de cette ville par ceux de leur parti. Le 28 décembre 1562, les habitants de Castres, conduits par le capitaine Goffre, y pénétrèrent de nuit, s'en rendirent maîtres sans grande effusion de sang et y abolirent le culte catholique. (1)

Parmi les institutions catholiques qui furent alors supprimées, se trouvait un chapitre composé de seize prêtres dit cathédrants ou du purgatoire et un hôpital servi et administré par la confrérie de Notre-Dame du Lac. (2)

Puy-Laurens dut à la force de sa position de ne

---

(1) Voir la note 11.
(2) Voir la note 12.

point changer de maître et de rester entre les mains des réformés jusqu'à la fin des guerres civiles. La ville n'avait d'abord d'autres défenses qu'une muraille et un fossé. Plus tard elle fortifia son enceinte par l'établissement, au nord, d'un front bastionné couvrant le quartier de Coldonnat, d'un ravelin; au midi, défendant les approches du côté de la plaine de Revel, et enfin d'un bastion, à l'ouest, protégeant le quartier de Foulimou. A l'est, une vieille tour gardait le quartier de Cap de Castel. L'ensemble de ces fortifications se développait en forme de croix, et leurs faces se prêtaient ainsi l'une à l'autre un mutuel appui.

Les avantages de la position et la valeur de ce système de défenses firent de Puy-Laurens une sorte de place de sûreté pour le parti protestant. Les habitants de cette ville offrirent plus d'une fois un abri derrière leurs murailles à ceux de leur parti que le sort des armes avait maltraités, et, certains de l'impunité, ils purent multiplier leurs courses contre leurs voisins du parti contraire.

En 1568, le 23 du mois de février, ils prirent d'assaut St-Julia et y établirent le culte réformé; mais ils abandonnèrent cette ville le 21 mars, ayant entendu parler de grands armements que fesaient les catholiques.

En effet, Louis d'Amboise, comte d'Aubijoux, ayant rassemblé dans la plaine de Revel une armée de cinq ou six mille hommes, commença par mettre le siége devant Soual. Dans cette place commandait un capitaine, nommé La Clapasse, qui eut la bassesse de se rendre avant même d'avoir été attaqué. Indigné par cette lâcheté et malgré le profit qu'il en tirait, le comte d'Aubijoux dit à ce capitaine : « La Clapasse, j'aime la trahison et non le traître. » (1) Et il le fit exécuter par ses soldats.

Aussitôt après il vint camper avec ses troupes devant Puy-Laurens, où commandait un gentilhomme plein de valeur, nommé Pierre de Vilette. Ayant investi la ville et placé son artillerie à la butte où sont aujourd'hui les moulins, d'Aubijoux envoya un trompette pour sommer la place de se rendre, avec menace, si elle ne se rendait, de tout mettre à feu et à sang. — « Va dire à ton maître, répondit l'intrépide
» Vilette, qu'avant de quitter cette place qui m'a
» été baillée en garde, j'espère, avec l'aide de Dieu
» et le secours de mes amis, me faire un pont des
» corps morts de ses gens pour lui aller rompre son
» armée. » — Cette fière réponse irrita le comte d'Aubijoux qui ordonna de commencer le feu.

Après sept jours de résistance, les habitants se voyant réduits à la dernière extrémité par la vivacité de l'attaque, envoyèrent demander du secours à Castres. Ceux de Castres mirent sur pied trois cents arquebusiers et en donnèrent le commandement à François de Vilette qui se présenta pour marcher au secours de son frère. Arrivé de nuit sous les murs de

(1) Mémoires de Gaches.

Puy-Laurens après avoir trompé la vigilance de l'ennemi, François de Vilette s'écria : — « Courage, mon frère, voici le secours. » Aussitôt il fut introduit; et les deux frères, s'étant embrassés, résolurent de faire une sortie, le lendemain, avec toutes les forces dont ils disposaient. Mais, le comte d'Aubijoux, ayant eu vent du secours que les assiégés venaient de recevoir et craignant un échec, décampa sans bruit, après avoir battu la ville, de 7 au 15 avril, de 350 coups de canon.

Chose digne de remarque, et bien rare exemple en ce temps-là d'un amour fraternel plus fort que les passions politiques ou religieuses! Ce François de Vilette qui vint si généreusement au secours de son frère n'était pas du même parti que lui; il était catholique et très-zélé pour la cause de sa religion. Il mourut pour elle au combat de la Roche-Abeille.

Au mois de février 1569, les soldats de Puy-Laurens et ceux de Vielmur se donnèrent rendez-vous pour attaquer Sémalens qui tenait pour les catholiques. A leur approche, la garnison de Sémalens fit une sortie pour les repousser; mais elle fut battue et laissa 45 hommes sur la place. « Tous les jours on n'entendait que meurtres, larcins et autres malheurs qui se commettaient tant par l'un que par l'autre parti. » (1)

Le massacre de la St-Barthélemy, cet acte de délire

---

(1) Journal de Faurin.

dont les horreurs furent renouvelées dans plusieurs villes de la province, jeta d'abord les protestants dans une grande terreur.(1) Mais après un moment d'abbattement, ils reprirent courage, se réorganisèrent et coururent aux armes. Ceux de l'Albigeois et du pays Castrais s'étaient ralliés autour d'un chef expérimenté, le vicomte de Paulin, qui devait donner plus d'unité à leurs opérations. Son premier soin fut d'envoyer des gouverneurs de son choix à toutes les villes du parti.

Le baron de Sénégas vint à Puy-Laurens en cette qualité. A peine arrivé, il détacha une partie de la garnison, sous les ordres du capitaine Angely, pour aller s'établir au village de Dreuil, près de Revel, et s'y fortifier.

Le sieur de Vaudreuil, gouverneur de Revel, ne voyant pas de bon œil l'ennemi se poster si près de lui, ramasse avec l'aide du sieur de Padiès sept ou huit cents hommes et vient surprendre Angely qui n'avait guère eu le temps encore de se fortifier. Celui-ci ne se rebute pas, se maintient le mieux qu'il peut, et envoie en toute hâte demander du secours au gouverneur de Puy-Laurens. Sénégas s'étant joint avec Thomas de Durfort, sieur de Deime, amena tout ce qu'il put réunir d'infanterie et de cavalerie. Dès l'arrivée, Deime et Sénégas, sans prendre le temps de reconnaître l'ennemi, le chargent vigoureu-

---

(1) Voir la note 13.

sement, et, lui ayant tué deux cents hommes sur la place, poussent le reste, l'épée dans les reins, jusques aux portes de Revel. Revenus à Dreuil, ils remercient Dieu de leur victoire. Puis, considérant le peu d'avantage qu'ils retireraient de la possession de ce village, ils y mirent le feu et revinrent à Puy-Laurens.

Il serait peut-être de peu d'intérêt de suivre les habitants de cette ville dans toutes les expéditions où ils s'engagèrent ; choisissons parmi ces faits de guerre assez nombreux ceux qu'il importe davantage de raconter.

En 1575, la ville de Labruguière, qui était au parti catholique, avait pour gouverneur le capitaine Farinières, homme de courage et de résolution, mais de peu de prudence. Farinières avait une maîtresse au moulin de Soual et quittait souvent son poste pour la venir voir. Les habitants de Puy-Laurens, instruits de cette particularité, résolurent de lui dresser une embuscade. Ils descendirent à Soual, par un temps de brouillard, et vinrent se poster tout près du logis où Farinières avait l'habitude de se rendre. Farinières ne tarda guère à paraître, accompagné de La Plane, gouverneur de Soual et de quelques soldats. Aussitôt l'embuscade fait feu sur eux ; La Plane et ses soldats prennent la fuite et Farinières est jeté à bas de son cheval d'un coup de pistolet. Quoique grièvement blessé, ce brave capitaine se redressa sur ses genoux et essaya de tenir tête au cercle d'ennemis qui s'était formé autour de lui; mais enfin, il fut achevé d'un coup d'épée à travers le corps, sous les yeux de sa maîtresse éplorée. (1)

Le capitaine Farinières était sorti de la terre de ce nom voisine de Puy-Laurens; il laissa un frère qui lui succéda comme gouverneur de Labruguière et dont la fin tragique mérite aussi d'être racontée. Il avait battu et fait prisonnier dans une rencontre Daves de Revel, « un des plus braves gendarmes du Languedoc, » (2) et l'amenait à Labruguière; un soldat de l'escorte, nommé Lanceman, eut la malencontreuse et lâche idée de frapper le prisonnier par derrière d'un coup d'épée. Daves, se sentant perdu et ne voulant pas mourir sans vengeance, n'eut que le temps d'ajuster Farinières et de le tuer d'un coup de pistolet. Il fut ensuite achevé sur la place. 1577.

Mais, nous voici un peu loin de Puy-Laurens, il faut y revenir.

Les habitants de cette ville étaient alors extrêmement incommodés par un fort que le sieur de Padiès était venu établir à leur barbe, à St-Germain, et dont il leur rendait le voisinage aussi fâcheux que possible. Ils avaient tenté à plusieurs reprises de s'en emparer et dans ce but s'étaient adjoints les forces de Castres et du Lauraguais; mais tout cela sans aucun succès. Ils furent même obligés de se retirer devant

(1) Voir la note 14.
(2) Mémoires de Gaches.

un secours important conduit à leurs ennemis par Lacrouzette, lieutenant du maréchal de Montmorency.

Les consuls de Puy-Laurens, fatigués d'employer leurs efforts en pure perte, s'avisèrent qu'ils auraient peut-être plus de chance de réussite en tournant leurs armes contre le château de Padiès. Cette expédition fut aussitôt résolue et le commandement en fut donné au sieur de Deime, chef du parti protestant de la contrée. Deime, pour donner le change et retenir Padiès à St-Germain, fit courir le bruit qu'il allait l'y assiéger. Mais Padiès, mieux averti, se jeta dans son château avec un gentilhomme de ses amis, nommé St-Féréol, et un bon nombre de soldats, et prit ses dispositions pour se défendre vigoureusement. Deime arriva bientôt avec sa troupe et du canon qu'il fit jouer contre la muraille du château. Lorsque la brèche fut suffisante, il donna le signal de l'assaut. Padiès et St-Féréol opposèrent une vive résistance aux assaillants, et, au moyen d'une mine allumée à propos, en firent sauter un très grand nombre.

Repoussé d'un coté, Deime fit donner l'escalade de l'autre. Cette nouvelle attaque réussit; Padiès et St-Féréol furent tués et presque toute la garnison périt avec eux. Le château fut pillé, la femme et les enfants de Padiès furent amenés prissoniers à Puy-Laurens où, dit Gaches, « ils se firent de la religion. » Singulière conversion et accomplie dans des circonstances bien peu propres à la faire naître! |1577.

Pour nous distraire de ce qu'a d'affligeant le spectacle de la guerre civile, il nous faut franchir quelques années et arrêter un moment notre pensée sur le prince en qui reposaient alors toutes les espérances de l'avenir.

Henri IV, qui n'était encore que le roi de Navarre, arriva à Puy-Laurens, le 13 mars 1585; il venait de Montauban et allait à Castres à un rendez-vous qu'il avait assigné au duc de Montmorency. Les consuls de Puy-Laurens, n'ayant pas été avertis en temps opportun du passage du roi, ne purent faire de grands préparatifs pour le recevoir. Ceux de Castres, plus heureux, le reçurent dans leur ville avec tous les honneurs qui lui étaient dus.

Le cours du temps nous rapproche du moment où l'agitation stérile et cruelle de la guerre civile va disparaître et faire place au travail réparateur de la paix. Les habitants de Puy-Laurens firent encore quelques expéditions sous les ordres du sieur de Deime; mais enfin, l'avènement de Henri IV et la publication de l'édit de Nantes les rendirent au repos.

Quant à leur chef, Thomas de Durfort, sieur de Deime, il termina par une fin tragique sa carrière aventureuse. Parti sans escorte pour aller offrir ses services au duc de Ventadour qui se disposait à assiéger Castanet, il comptait trouver les troupes de siége sous les murs de cette ville. Mais Ventadour n'avait pas encore complété l'investissement de la place, et le côté par où Deime arriva, de nuit, était occupé par les avant-postes ennemis. Deime se fit reconnaître en demandant imprudemment le logis du duc. Il fut aussitôt arrêté, enfermé dans une grange et brûlé vif. — 1596. — « Fin déplorable d'un brave gentilhomme qui avait fait glorieusement la guerre pour son parti. » (1)

---

(1) Mémoires de Gaches.

V

ACADÉMIE DE PUY-LAURENS. — CONCLUSION.

La France jouissait depuis 25 ans d'une paix intérieure que rien ne semblait plus devoir troubler, lorsque les protestants, sans aucun motif légitime, levèrent de nouveau l'étendard de la révolte. 1621.

Puy-Laurens ne sut pas résister à la contagion de l'exemple et finit par se donner au parti révolté.

Plus heureuse que sage, cette ville vit passer près d'elle, sans en être atteinte, le châtiment qui s'appesantit si cruellement sur deux localités voisines : Cuq-Toulza fut démoli de fond en comble et rasé jusqu'au niveau du sol — 1622 ; — S¹-Paul et Lamiatte furent pris, saccagés et livrés aux flammes. 1625.

Le traité d'Alais — 1629 — mit un terme à des calamités si gratuitement renouvelées. Par ce traité les protestants obtinrent de sérieuses garanties pour le libre exercice de leur culte; mais ils cessèrent d'exister à l'état de parti.

Puy-Laurens, pour témoigner de ses dispositions désormais pacifiques, fit alors cession au roi, moyennant cinq mille huit cent livres de son artillerie et de ses munitions de guerre. Il y avait dans l'arsenal de Puy-Laurens deux gros canons de sept pieds de longeur, deux pièces de campagne et cinq fauconneaux.

Notre ville tire peu de lustre des guerres où elle fut mêlée; mais elle garde avec un juste orgueil le souvenir d'une école que les protestants y conservèrent pendant vingt-cinq ans et qui fut célèbre sous le nom d'académie de Puy-Laurens.

Cette académie existait d'abord à Montauban; mais des troubles ayant éclaté dans son sein, Louis XIV la transféra à Puy-Laurens. Il avait fait connaître sa volonté aux habitants et consuls de cette ville par la lettre suivante :

Chers et bien amés, ayant, pour des considérations important à notre service, ordonné que l'académie et collége de la ville de Montauban de ceux de la religion prétendue réformée sera transférée dans notre ville de Puy-Laurens, nous vous en avons bien voulu donner avis dans cette lettre et vous mander et ordonner très expressément de pourvoir aux recteur, régents et professeurs dudit collége et académie les lieux nécessaires pour l'établissement d'icelle à Puy-Laurens. Ne faites donc faute d'accomplir notre intention, car tel est notre plaisir.

Donné à Toulouse le douzième jour de décembre mil six cent cinquante-neuf.

LOUIS.

Les consuls s'empressèrent d'obéir aux ordres du roi; et, dès l'année suivante, les professeurs furent installés, et virent se presser autour de leurs chaires une jeunesse en qui se continuait cette ardeur pour les fortes études qui s'était manifestée avec tant d'éclat pendant le siècle précédent.

Il est sorti de l'académie de Puy-Laurens des hommes du plus haut mérite; nous citerons entr'autres: l'illustre Bayle qui sut produire son immense érudition sous une forme attrayante et pleine, parfois, d'une piquante bonhommie; Rapin de Toyras, auteur d'une histoire d'Angleterre encore estimée, et enfin le savant André Dacier dont on peut faire un grand éloge en disant que le mérite de sa femme, la célèbre madame Dacier, n'a pas fait oublier le sien.

Une notoriété plus modeste est le partage des professeurs qui par leur zèle et par leur science firent la réputation de l'académie de Puy-Laurens. Il convient, cependant, de ne pas omettre ici les noms des professeurs de théologie, Verdier, André Martel, Théophile Arbussy; des professeurs de philosophie Trossières et Bon; du professeur de langue hébraïque Pérès : personnages graves et instruits que leurs contemporains tenaient en grande estime (1)

Les protestants vivaient en paix à Puy-Laurens et les études y étaient florissantes, lorsque les tristes préliminaires de la révocation de l'édit de Nantes s'y firent sentir. L'académie fut supprimée par un arrêté du parlement de Toulouse du mois de décembre 1684. Le même arrêté interdisait dans cette ville l'exercice du culte réformé. L'année suivante, quatre compagnies d'infanterie y furent envoyées pour accélérer par la crainte le mouvement des conversions. Presque tous les protestants cédèrent et se firent catholiques. Ceux d'entre eux, qui n'avaient pu se résoudre à obéir, se réfugièrent en pays étrangers. Quelques enfants de Puy-Laurens trouvèrent alors un asile dans les rangs des armées ennemies de la France et s'y firent remarquer par leur valeur. (2)

Après cette rude épreuve, les habitants de Puy-Laurens entrèrent dans un repos qui ne fut guère plus troublé.

En 1719, ils eurent cependant le déplaisir d'apprendre que le roi leur avait donné un seigneur et qu'ils étaient devenus les vassaux du comte de Belle-Isle. Ils eurent beau protester, invoquer les lettres patentes du roi Philippe-le-Bel portant que Puy-Lau-

---

(1) Voir la note 15.
(2) Voir la note 16.

rens était inaliénable du domaine de la couronne, il fallut se soumettre et obéir à la volonté du roi.

Au comte de Belle-Isle, mort en 1761, succéda le marquis de Castries, son héritier, qui fut seigneur de Puy-Laurens jusqu'en 1789. (1)

La période de la république et de l'empire doit se résumer pour nous dans la noble et brillante carrière du général baron Rey.

Rey, Jean-Pierre-Antoine, naquit à Puy-Laurens le 15 septembre 1767. Il ne dut rien aux avantages de la naissance et de la fortune et sut conquérir tous ses grades par son mérite personnel.

Entré au service à l'âge de 19 ans, il fit avec distinction les campagnes des Pyrénées orientales. A la bataille de Peyrestortes — 1793 — il entra l'un des premiers dans les retranchements espagnols. Ce beau trait de courage lui valut le grade de capitaine.

Passé à l'armée d'Italie, il prit part aux immortelles campagnes de 1796 et 1797. Au combat de Governolo, la 51e demi-brigade dont il faisait partie se couvrit de gloire en enlevant 5 canons et en faisant 1,400 prisonniers à l'ennemi. Mais c'est surtout au combat d'Arcole que le capitaine Rey fit preuve de la plus remarquable intrépidité. A la tête des tirailleurs, il passa l'Alpon à la nage sous le feu des Autrichiens, et fut proclamé chef de bataillon sur le champ de bataille.

(1) Voir la note 17.

Nous le retrouvons, en 1799, à l'armée du Nord, sous les ordres du général Brune. A l'affaire de Kastricum, il fut blessé d'un coup de feu; c'était sa troisième blessure. Nommé colonel du 57ᵉ de ligne, il fit, à la tête de ce régiment, surnommé le terrible, les campagnes de la grande armée. Les champs de bataille d'Austerlitz, d'Iéna, d'Eylau furent témoins de ses exploits.

Promu au grade de général de brigade en 1808, il quitta la grande armée pour aller en Espagne. Il prit part à toutes les campagnes qui eurent ce pays pour théâtre, depuis 1808 jusqu'en 1814. Cette guerre si difficile, dans laquelle sentiment national soulevé, terrain, climat, tout était contre nous, mit dans tout leur jour les belles qualités militaires du général Rey. Une énergie indomptable, une vigilance qu'aucune fatigue ne pouvait endormir lui avaient acquis l'estime de toute l'armée.

Après avoir encore une fois montré toute sa valeur dans les batailles d'Orthez et de Toulouse, Rey fut enfin rendu à sa ville natale où il put jouir d'un repos acheté par vingt-trois ans de combats.

L'empereur l'avait fait baron et commandeur de la Légion-d'Honneur; Louis XVIII le nomma chevalier de Saint-Louis.

Le général baron Rey est mort à Puy-Laurens le 12 janvier 1842.

Avant de nous séparer de nos lecteurs, nous ne saurions mieux faire que de leur donner une idée des beautés que présente l'aspect général du pays.

Devant nous se déroule la fertile plaine de Revel. Du côté de l'ouest, une suite de hauteurs parallèles s'avancent sur cette plaine, semblables aux promontoires d'une mer disparue. Au midi, elle est bornée par la Montagne-Noire, dont les flancs et les sommets arrondis s'offrent à l'œil avec une parfaite netteté de détails.

Bien loin par delà cette barrière apparaissent les Pyrénées, sur presque toute l'étendue de leur chaîne, et leurs crêtes neigeuses se dessinent sur le ciel.

Mais regardons plus près de nous. Voici le château de Mongey, dans une agréable situation ; non loin de là eut lieu le combat dont nous avons parlé, entre le comte de Foix et le duc d'Autriche.

Plus loin, Saint-Félix de Caraman, patrie du légiste de Philippe-le-Bel, Guillaume de Nogaret.

Là bas, à l'entrée d'une gorge de la montagne, s'élève l'école de Sorèze dont la vieille renommée a été rajeunie par le Père Lacordaire. C'est là qu'est mort l'illustre religieux, laissant sur cette maison, gardienne de sa cendre, un reflet de sa gloire.

N'oublions pas à nos pieds le château de Lamothe;

il a vu naître le fidèle compagnon d'exil de Napoléon, le comte de Las-Cases.

Que dirons-nous maintenant de la patrie du chevalier Sicard, du chroniqueur Guillaume et du général Rey? Nous dirons que la vie y est facile; que ses habitants, exempts d'ambition, y coulent leurs jours dans une heureuse simplicité de mœurs et d'habitudes, et qu'enfin on y jouit, à la fois, des richesses d'un sol fertile et de la beauté d'un horizon fait à souhait pour le plaisir des yeux.

Notes.

1.

Eron en sa compania ung appélat le cavalier Porrada et Sicard de Pech Laurent et ung autre appélat La Grua, losquals eron gens valents, et l'on no sabia los parels (chroniqueur anonyme).

2.

Puy-Laurens fut visité par les inquisiteurs en 1237. « Entre les villes du Toulousain que les deux inquisiteurs parcoururent, ils se rendirent à Castelnaudary où ils citèrent un grand nombre de gens suspects de cette ville. Mais ils n'en purent rien tirer : car ces peuples avaient comploté de ne rien révéler.

« Ils trouvèrent plus de sincérité à Puy-Laurens, où étant arrivés à l'improviste, les habitants n'eurent pas le temps de former un semblable complot. »
(Dom Vaissette.)

3.

Voici le préambule de la lettre écrite par Sicard au roi Louis VIII : « Au Sérénissime et Excélentissime Seigneur Louis, par la providence de Dieu Illustrissime Roi de France, Sicard de Puy-Laurens serviteur très-humble de sa Majesté et Magnificence, les chevaliers, les bourgeois et le peuple Salut. » La mention faite dans cet acte des bourgeois de Puy-Laurens indique qu'à cette époque, 1226, la commune y était organisée.

4.

Sicard mourut en 1237 et laissa deux fils, Isarn de Dourgne et Jourdain de Saïssac qui firent hommage à Raymond, comte de Toulouse, pour tout ce qu'ils avaient du chef de leur père au lieu de Puy-Laurens.

En 1249, Guillaume de Puy-Laurens rendit son hommage au comte Alphonse, mari de Jeanne, fille de Raymond.

Nos renseignements sur les seigneurs de Puy-Laurens s'arrêtent à l'année 1278 dans laquelle Philippe de Monts, sénéchal de Carcassonne, convoqua les principaux seigneurs du pays à l'occasion d'un duel entre Sicard de Puy-Laurens et Amalric, vicomte de Lautrec.

5.

La Judicature de Villelongue dont Puylaurens était le siége comprenait les lieux suivants: Puy-Laurens, Appelle, S¹-Sernin, Péchaudier, Dourgne, Lescout, Rades, Lempaut, S¹-Germain, Labastide, Teyssode, Arfons, S¹-Paul, Viviés, Magrin, S¹ᵉ-Affrique, Cambounet, Bertre, Salle-Pieuson, Lamothe, Soual, Lacroizille, Algans, Sémalens, Guitalens, Troupiac et Lestap.

6.

La Juridiction des consuls de Puy-Laurens s'étendait sur St-Germain, Lempaut, Sémalens, Cambounet, Guitalens, Bertre, Appelle, Lestap, Magrin, Prades, Monlong, Péchaudier, Dournes.

7.

Les membres du conseil politique s'appelaient dans l'origine les prud'hommes : « Les consuls, chacun an, ont accoûtumé élire certains prud'hommes, leurs conseillers, lesquels peuvent contraindre de prêter serment entre leurs mains de leur bailler bon conseil et avis et se bien acquitter et comporter en toutes choses qui par lesdits consuls leur seront commises et députées. » (Coutumes et priviléges de Puy-Laurens, Mss.)

8.

Les contributions se composaient :
1° De la Mande, c'est-à-dire de la part de deniers royaux à payer par la communauté.
2° Des intérêts des sommes dues par la ville.
3° Des frais municipaux.

La contribution ne porta jusqu'en 1643 que sur la propriété foncière. Aussi les propriétaires étaient-ils souvent obérés, au point que plusieurs fesaient l'abandon de leurs terres, le produit n'en étant point suffisant pour payer l'impôt.

Pour parer à cet inconvénient on établit une sorte

d'impôt des patentes sur les artisans, et les colons furent taxés en raison du nombre de bêtes de labour qu'ils employaient.

On établit aussi un octroi qui percevait un droit à l'entrée et à la sortie des denrées et marchandises. Enfin, pour faciliter la vente de la récolte en vin qui était alors la principale du pays, les propriétaires de vignes obtinrent, en 1647, la prohibition de l'entrée des vins dans le consulat, depuis le 1er octobre jusqu'au 1er juin.

9.

« Si aucun pendant les dites foires, et à la connaissance des consuls, échange sa posséssion avec une autre posséssion ou avec d'argent, tels contractants peuvent entrer en la posséssion laquelle pendant les dites foires ils ont acquise et en autre temps, sans la licence des seigneurs desquels les dites posséssions sont mouvantes; et ne sont tenus leur payer sinon deux parties du soustrap seulement. »

(Coutumes et priviléges de Puy-Laurens. Mss.)

10.

« Les Juifs, habitants au dit lieu de Puy-Laurens, passant par Soual doivent payer pour la leude neuf deniers tournois; mais s'ils y passent à pied, un chacun doit payer quatre deniers et une obole tournois. »
(Ibid.)

11.

A la suite de la prise de Puy-Laurens, la presque totalité des habitants passa au protestantisme. Il ne faut pas oublier que nous n'avons pour cette époque que des documents d'origine protestante. Il est très probable que les catholiques subirent alors une pression au moins aussi forte que celle qui fut plus tard exercée contre les protestants, lors de la révocation de l'édit de Nantes.

12.

Les prêtres cathédrants, ou obituaires, avaient été établis à Puy-Laurens, en 1401, par Messire de Vissac, évêque de Lavaur. Ils vivaient sur le produit de fondations pieuses. Il était pourvu aux places qui devenaient vacantes parmi eux par le curé et les consuls de Puy-Laurens. Leur nom de cathédrants semble indiquer que leur office n'était pas seulement de prier pour les morts et qu'ils s'occupaient aussi d'enseignement.

L'église de Puy-Laurens portait et porte encore le nom de Notre-Dame du Lac.

13.

La panique fut si forte parmi les protestants de Castres que presque tous quittèrent la ville qui se trouva ainsi acquise au parti catholique. Le gouverneur de Castres voulut essayer de déterminer un mouvement pareil à Puy-Laurens, et, dans ce but, il y envoya le receveur Thomas pour agir sur l'esprit de Terson de Puy-Laurens qui était beau-frère du receveur et exerçait une très grande influence sur ses concitoyens. Mais Terson ne donna pas dans ce piége, et Puy-Laurens resta au parti de la réforme.

14.

Les habitants de Puy-Laurens tombaient quelquefois, à leur tour, dans les piéges qui leur étaient tendus par leurs ennemis. Les habitants de Montaigut, près de Revel, leur firent croire qu'ils voulaient leur ouvrir leur ville. La garnison de Puy-Laurens s'y rendit sans défiance. On lui tua quatre soldats qui avaient pénétré dans la ville et quelques autres en la reconduisant.

15.

« Les chaires les plus importantes étaient celles de théologie, d'hébreu et de grec. Chaque semaine, les élèves s'exerçaient à des disputes particulières, et tous les mois, il y avait des disputes publiques auxquelles venaient assister les personnes les plus marquantes de la province. Pour diriger ce vaste établissement, il y avait d'abord un conseil académique qui exerçait une surveillance continuelle sur tout ce qui avait rapport à l'instruction et à la discipline, un recteur qu'on élisait tous les ans, un principal et trois régents. »

(Biographies et chroniques Castraises par Magloire Nayral.)

A l'académie était annexée une imprimerie. On y imprimait les livres classiques et les thèses des étudiants.

Voici un article du règlement de l'académie relatif à la discipline : « Les écoliers en théologie seront modestes en leurs vêtements, ne porteront point de cravate ni bourguignote, ni des cannes ou batons, ni autre chose contraire à la modestie, ni des cheveux longs, et seront vêtus de noir. Ils éviteront la conversation des filles, ne les accompagneront point, ni dans les rues, ni aux promenades, ni en particulier. Ils ne pratiqueront pas les jeux, ne fréquenteront pas les cabarets ni autres lieux de débauche. Les contrevenants au présent article seront vivement censurés et en cas qu'ils continueront dans leur méchant train, au mépris des dites censures, ils seront rayés de la matricule. »

En 1679 un séminaire fut fondé à Puy-Laurens par l'évêque de Lavaur. L'instruction y était donnée gratuitement. La ville subvenait à l'entretien des régents.

16.

Najac de Panperulles, réfugié, natif de Puy-Laurens, prit du service dans l'armée anglaise et devint aide-de-camp du duc d'Ormond. Il mourut à la bataille de Landen (1693) en sauvant la vie de son général.

Le mouvement de l'émigration protestante se continua encore pendant quelques années : « Il sortait aussi de temps en temps des réfugiés volontaires. Le 18 avril 1688, la foule se pressa avec les témoignages de la sympathie la plus vive autour d'un capitaine accompagné d'un lieutenant et de quarante-deux soldats, issus presque tous de Puy-Laurens. Ils étaient venus jusqu'à Lyon par étapes et de là ils étaient parvenus à gagner le sol Genèvois. » (Histoire des réfugiés protestants de France par M. Ch. Weiss.)

17.

Le comte de Belle-Isle avait cédé au roi la seigneurie de Baucaire. Le roi lui donna en échange plusieurs autres seigneuries, parmi lesquelles celle de Puy-Laurens.

La communauté eut un procès avec le marquis de Castries relativement à l'exercice du droit de Coup : ce droit consistait en une redevance perçue au profit du seigneur sur tous les grains récoltés dans le consulat et sur ceux d'autre provenance, mis en vente au marché de Puy-Laurens.

On se souvient encore à Puy-Laurens de quelques chansons patoises d'un tour original, dues à la verve d'un cordonnier-poëte de cette localité, nommé Guillaume Lavabre. Ce brave homme, qui s'était donné à lui-même la qualification d'élève de la nature, quitta son modeste métier pour mener la vie errante du troubadour. En vrai poëte, il est mort à l'hôpital, à Toulouse, il y a quelques années, dans un âge très avancé.

Table.

Chapitres.	Pages.
I. Origine de Puy-Laurens.	7
II. Guerre des Albigeois.	11
III. Coutumes et priviléges de Puy-Laurens..	19
IV. Guerres de religion.	24
V. Académie de Puy-Laurens. — Conclusion.	35
Notes.	43

www.ingramcontent.com/pod-product-compliance
Lightning Source LLC
LaVergne TN
LVHW022209080426
835511LV00008B/1661